Inhalt

Die Invasion der Pfunde

Eurasien, Pleistozän. Homo sapiens rennt dem Mammut hinterher und hat nur ein einziges Problem: Wie krieg' ich genügend Fett auf die Rippen, um zu überleben? Kaum ist der Braten im Bauch, lehnt er sich zurück, damit ja kein Quäntchen der wertvollen Energie verloren geht.

Industriestaaten, Light-Ära. Wissenschaftler und Ärzte auf der ganzen Welt diskutieren: Wie können wir Fett reduzieren, damit die Menschheit nicht ausstirbt?

Die Weltgesundheitsorganisation warnt: Eine chronische Krankheit breitet sich epidemieartig über den ganzen Globus aus, wuchert über Bäuche, Schenkel und Hüften: Fettsucht. Die Pfunde im Überfluss raffen jedes Jahr 300 000 Amerikaner dahin, kosten Deutsche Krankenkassen 30 Milliarden Mark.

Während die Industrie sich bemüht, die Kalorien im Essen durch Luft und Wasser zu ersetzen, wird die Welt schwer und schwerer. Der Homo sapiens wiegt heutzutage 23 Pfund mehr als vor hundert Jahren. Seit 1960 hat sich die Zahl der Übergewichtigen verdoppelt. Jeder zweite (der sich's leisten kann) ist zu dick, und bis ins Jahr 2250 wird die Fettsucht alle befallen haben.

Der Grund: Unsere Gene, so die XXL-Forscher, sind einfach schwer von Begriff. Es wütet immer noch der uralte Energiespar-Effekt in uns: Beweg dich so wenig wie möglich, iss so viel es geht. Und das war noch nie so einfach wie heute: Fast-Food wandert, ohne mühsam erlegt werden zu müssen, schnell und billig direkt in die gierigen Fettzellen.

Fett macht fett. Unser täglich Brot trieft davon: 142 Gramm nehmen wir Tag für Tag auf, sie stecken in Wurst, Braten, Schokolade, Torten, Saucen & Co. – bekömmlich ist nur die Hälfte. Und dank globalem Muskelschwund hat der Dickmacher Nr. 1 freie Bahn, sich in den Fettzellen einzunisten und sie auf das 200fache aufzublähen.

Use it or lose it – gebrauch es, oder verlier es – lautet ein Naturgesetz des Körpers. Und darum schwindet zwischen Bürostuhl, Autositz und Fernsehsessel die Muskulatur dahin – das einzige Organ, das Fett vernichtet. Der Mensch verbrennt heute 700 kcal weniger als früher, eine ganze Mahlzeit also, die er nicht auslässt. Und unversehens verstößt er gegen das Bauchverbot am Arbeitsplatz.

Was tun, damit das globale Übergewicht die Erde nicht irgendwann aus der Umlaufbahn drängt? Das passiert nicht, denn Fett ist leichter als Muskel. Zum Glück, denn der Mensch möchte – wenn überhaupt – dann auf der Couch liegend, Pralinen essend und eine Wunderpille schluckend, schnell schlank werden. Doch diese Wunderpille gibt es nicht, und auch im Genlabor brodeln nur Spekulationen. Gegen die Invasion der Pfunde muss man schon aktiv werden. Wie Joschka Fischer. Er lief seinen 32 Kilo Übergewicht einfach davon.

Laufen Sie mit...

Herzlichst Ihr

Dr. U. Strunz

Ulrich Th. Strunz

Die Last der Pfunde

Wie krank macht Übergewicht wirklich? Nicht nur die Pfunde sind schuld an Gicht, Diabetes, krankem Herz, kaputten Gelenken – natürlich auch: mangelnde Bewegung.

Pro Pfund Übergewicht sinkt das Jahreseinkommen amerikanischer Führungskräfte um 1 000 Dollar. Dynamisch und schlank hat ein Unternehmer zu sein, so der US-Psychiater Albert Stunkard. Doch das Bauchverbot bezieht sich nicht nur auf den Arbeitsplatz. Eine Umfrage unter amerikanischen Studenten ergab: Sie würden lieber eine geisteskranke oder blinde Frau heiraten als eine dicke.

Rund 41 Millionen Deutsche sind übergewichtig. Mehr als 50 % der Erwachsenen haben einen BMI über 25, 22 % liegen zwischen 30 und 40, und 3 % sogar über 40.

Dicke werden gesellschaftlich unerbittlich diskriminiert, bis sie sich isolieren – und sie leiden an vielen Krankheiten. Statistisch steigt mit dem Gewicht das Risiko, an Diabetes, Gicht oder Gallensteinen zu erkranken. Mit den Pfunden häufen sich Bandscheibenschäden, Krampfadern, einige Krebsformen. Auch Bluthochdruck, Herzinfarkt, Schlaganfall und Alzheimer lastet man dem Übergewicht an. Doch die Adipositas (Fettsucht)-Experten streiten noch, ob nun die Pfunde selbst als Risikofaktor für die diversen Krankheiten zu werten sind oder die mit dem Übergewicht einhergehenden falschen Lebensweisen: schlechte Ernährung, Stress – und vor allem Bewegungsarmut.

Der Forscher Steven Balair vom Cooper Institut for Aerobics Research in Dallas untersuchte 25 000 Normal- und Übergewichtige und fand heraus: Gesunde Körper gibt es in allen Formen und Größen – nur bewegen müssen sie sich. Es ist besser, dick und fit zu sein als mager und untrainiert.

Wenn die Pfunde drücken

- Die Hälfte der Übergewichtigen leidet an Bluthochdruck.
- Acht von zehn Diabetikern (Typ II) sind zu dick. Wer innerhalb von acht

Jahren zwanzig Kilo zulegt, verzwölffacht sein Diabetesrisiko. Wer im gleichen Zeitraum abspeckt, senkt das Diabetesrisiko um 87 Prozent.

- Oft sind Dicke betroffen von der Schlaf-Apnoe, dem nächtlichen Atemstillstand. Bei starken Schnarchern setzt immer wieder der Atem aus – bis zu zwei Minuten. Das schlägt aufs Herz. Und: tagsüber nicken sie häufig ein, mitunter am Steuer.
- Weitere Begleiterscheinungen: Fettstoffwechselstörungen (zu hoher Cholesterinspiegel), Unfruchtbarkeit, orthopädische Probleme, Blutgerinnungsstörungen.
- Adipositas begünstigt schmerzhafte Gelenkveränderungen wie Arthrose und Gicht.
- Dicke Frauen haben sehr häufig Gallensteine.
- Übergewichtige weisen ein erhöhtes Risiko für Krebserkrankungen auf.
- Die amerikanische Herzgesellschaft behauptet sogar, das Herzinfarkt-Risiko steige schon bei einem BMI von 25 bis 28 um 50 bis 70 Prozent (siehe Seite 6).

Zum Schluss eine gute Nachricht: Nur extrem viele Pfunde bringen einen frühzeitig um. Prof. Michael Berger (Universität Düsseldorf) beobachtete 6 200 Übergewichtige 14 Jahre lang. Er fand heraus: Bis zu einem BMI von 32 besteht keine höhere Sterblichkeit. Menschen mit einem BMI von 25 bis 28 springen dem Tod am häufigsten von der Schippe.

Lassen Sie es gar nicht erst so weit kommen – treten Sie gegen überflüssige Pfunde an.

Und wieviel wiegen Sie?

Spüren Sie den Feind im Körper auf. Dazu reicht es nicht, sich auf die Waage zu stellen. Die Waage zeigt Ihnen nur Ihr Gewicht – aber nicht, ob Sie fit sind oder fett.

Das Maß aller Dicken

Das Idealgewicht (Körpergröße minus 100 minus zehn Prozent) ist out – weil der Körperbau nicht berücksichtigt wird. Mediziner rechnen heute mit dem Body-Mass-Index (BMI):

$$BMI = \frac{\text{Körpergewicht (kg)}}{\text{Körpergröße (m)}^2}$$

Beispiel: Für eine 1,7 m große und 65 kg schwere Frau beträgt der BMI: 65 : (1,7 x 1,7) = 22,5

- BMI unter 19: leichtes Untergewicht
- BMI 19 bis 25: idealer Bereich
- BMI 25 bis 30: leichtes Übergewicht
- BMI über 31: starkes Übergewicht

Apfel oder Birne?

Neben dem BMI spielt aber auch die Fettverteilung eine Rolle – das Waist to Hip Ratio (WHR). Bei Frauen findet man häufiger den Birnen-Typ mit Fettdepots an Hüften und Oberschenkeln. Unter Männern ist eher der Apfeltyp verbreitet. Er speichert seine Energiereserven rund um den Bauch. Gefährlich ist das Übergewicht des Apfeltyps.

Berechnen Sie Ihr Risiko:

$$WHR = \frac{\text{Taillenumfang}}{\text{Hüftumfang}}$$

Idealerweise ist der WHR bei Frauen nicht größer als 0,85 und bei Männern kleiner als 1,0.

Die Crux: Man verfettet schleichend

Doch weder das Gewicht, das die Waage anzeigt, noch die moderne BMI-Formel geben eindeutig Auskunft über den wirklichen körperlichen Zustand. Denn eine augenscheinlich dünne Person kann Übergewicht haben oder ein vermeintlich dicker Mensch von der

Natur optimal ausstaffiert sein. Der Grund: Fett ist leichter als Muskel. Ein schlanker Mensch kann viel zu viel Fett mit sich herumtragen, ein muskulöser wiegt schon mal mehr als der BMI erlaubt – ist aber kerngesund. Man verfettet schleichend. Erst bleibt das Gewicht konstant. Weder Waage noch Aussehen zeigen, was im Körper passiert. Denn Muskelfaser für Muskelfaser wird durch Fettinseln ersetzt. Erst wenn die Muskulatur kein Fett mehr aufnehmen kann, wächst die Fettschicht unter der Haut. Nun wird das Übel sichtbar – und der Waagezeiger schlägt aus.

Mit einer modernen elektronischen Waage kommen Sie dem Fett früh auf die Spur. Indem sie mit Hilfe von Schwachstrom den Widerstand der Zellen misst, bestimmt sie sehr genau den prozentualen Körperfettanteil.

Empfohlener Körperfett-Anteil in Prozent

Männer

Alter	Exzellent	Gut	Mittel	Schlecht
20-24	10,8	14,9	19,0	23,3
25-29	12,8	16,5	20,3	24,3
30-34	14,5	18,0	21,5	25,2
35-39	16,1	19,3	22,6	26,1
40-44	17,5	20,5	23,6	26,9
45-49	18,6	21,5	24,5	27,6
50-59	19,8	22,7	25,6	28,7
60 +	20,2	23,2	26,2	29,3

Frauen

Alter	Exzellent	Gut	Mittel	Schlecht
20-24	18,9	22,1	25,0	29,6
25-29	18,9	22,0	25,4	29,8
30-34	19,7	22,7	26,4	30,5
35-39	21,0	24,0	27,7	31,5
40-44	22,6	25,6	29,3	32,8
45-49	24,3	27,3	30,9	34,1
50-59	26,6	29,7	33,1	36,2
60 +	27,4	30,7	34,0	37,3

Liebe Leserin, wundern Sie sich nicht über die höheren Werte. Frauen haben von Natur aus einen um 10 % höheren Fettanteil als Männer.

Die gute Figur und ein wacher Geist haben nur einen Feind

Vier Buchstaben schreiben
die unendliche Geschichte
vom mittleren Ring,
verkalkten Gefäßen und
tranigen Gedanken: Fett

Die Zahl der Fettzellen wird in der Kindheit angelegt – aus Mutters Kochtopf. Dicke Menschen haben achtmal mehr Fettzellen als dünne – und sie können auf das 200fache ihrer ursprünglichen Größe aufquellen. Sind sie voll, bilden sich einfach neue, ungeliebte Energietanks. Natürliche Kohlenhydrate – egal ob Obst, Gemüse oder Vollkorn – machen nicht dick. Davon kann man unbegrenzt essen, ohne auch nur ein Gramm zuzunehmen. Der Grund: Um ein Zuviel an Kohlenhydraten als Energiespeicher anzulegen, muss der Körper selbst Energie zuschießen. Wenn er ein Gramm Kohlenhydrate (4 kcal) in Fett umwandelt, kostet ihn das jedes Mal 1 kcal Energie.

Fett macht nicht satt, sondern dick

Jedes Gramm Fett hingegen wandert ohne weiteren Aufwand in die Fettzellen und belastet Energiebilanz und Hüfte mit 9 kcal. Fett macht nicht satt und verführt dazu, mehr zu essen. Und weil es alleine nicht schmeckt, kombiniert man es gerne mit Süßem. Und das schlägt erst recht zu Buche.

Alle schnellen Kohlenhydrate (Süßes, Weißmehl-Produkte, gezuckerte Getränke) locken viel Insulin ins Blut. Und dieses Hormon treibt das Fett aus der Nahrung sofort in die Fettzellen, verhindert den Abbau des Dickmachers. Man wird schwerer und schwerer. Denn die Fettspeicher des Körpers sind grenzenlos. Amerikaner stellen immer wieder Rekorde auf – der jüngste Fettakkumulationsberg auf zwei Litfasssäulen wog 385 Kilo.

Und plötzlich wiegt man einen Zentner mehr

Der Körper verfettet schleichend. Der Speckgürtel um die Taille wird über Jahre aufgebaut. Wer täglich nur einen Esslöffel Butter (10 Gramm) zuviel isst, legt in zehn Jahren knapp einen Zentner zu. Und um diesen wieder abzubauen, müssen 350 000 Kalorien verbrannt werden – z. B. in 700 Stunden im Fitness-Studio. In Deutschland, in der Schweiz und in Österreich isst man aber 142 Gramm Fett pro Tag. Nicht zehn, sondern 80 Gramm zuviel.

Ihre Energiebilanz

Das (Miss)Verhältnis zwischen mit der Nahrung aufgenommenen Kalorien und dem, was der Körper verbraucht, schlägt sich auf den Hüften nieder.

Wieviel Kalorien verbrauchen Sie?
Berechnen Sie zunächst Ihren Grundumsatz. Er misst die Menge der Kalorien, die der Körper braucht, um in Ruhe alle Körperfunktionen aufrecht zu erhalten.

Männer
Gewicht x 21,6 = _____kcal
Frauen
Gewicht x 19,2 = _____kcal
Beispiel: Frau, 54 kg,
54 x 19,2 = 1037 kcal

Nun multiplizieren Sie Ihren Grundumsatz mit Ihrem Aktiv-Faktor:

1. Eher faul
Bewegung ist Mangelware, Sie sitzen fast nur auf dem Bürostuhl, im Auto. Ihr Motto: No sports!
Grundumsatz x 1,4 = _____kcal

2. Eher agil
Auch wenn Sie oft am Schreibtisch sitzen, radeln Sie viel, laufen Treppen, halten sich fit.
Grundumsatz x 1,7 = _____kcal

3. Turboaktiv
Sie arbeiten körperlich (Handwerker, Bauarbeiter, Hausfrau...) und treiben aktiv Sport: 4-mal pro Woche.
Grundumsatz x 2,0 = _____kcal

Jetzt wissen Sie, wie viele Kalorien Ihr Körper täglich in den Öfchen der Muskelfasern verbrennt. Ein Überangebot legt er in Fettdepots an.

Kann man den Energieverbrauch ankurbeln?

Ja. Indem man mehr Sport treibt und die Treppe statt des Fahrstuhls nimmt. Am erfolgreichsten ist, wer sich mehr Fettverbrennungs-Öfchen zulegt. Wie geht das? Indem man die fettfreie Körpermasse erhöht – sprich, sich Muskeln zulegt. Das kurbelt den Stoffwechsel an. Man verbrennt Fett, sogar im Schlaf.

Fett macht dick – und doof

Reinhold Messner braucht Fett, wenn er den Nanga Parbat bezwingt. Es schadet auch dem Bergbauern nicht, der elf Stunden auf der Alm seine Sense schwingt. Aber für Kopfarbeiter ist Fett fatal. Denn Denken verbraucht nun einmal null Kalorien. Fett, das wir nicht verbrauchen, lagert sich ab. An drei Stellen. Erstens sichtbar als Hüftgold oder mittlerer Ring. Zweitens unsichtbar in den Gefäßinnenwänden. Das Gefäßnetz des Menschen ist 100 000 Kilometer lang. (2,5facher Erdumfang). Würde man es ausbreiten, deckte es sechs Tennisplätze ab. Da passt viel Fett hinein: Berge von Fritten, Braten oder Kaiserschmarrn. Irgendwann müssen die Chirurgen es dann richten. 1 200-mal im Jahr schälen sie allein in der Nürnberger Klinik garnelengroße Fettklumpen aus Halsschlagadern, um das Gehirn vor dem programmierten Schlaganfall zu schützen.

95 % der Menschen nutzen nur 5 % ihres Denkpotentials. Ein Grund: Fett verklebt die Kommunikationswege im Gehirn.

Und es gibt noch einen dritten Fettspeicher, er ist beruflich tödlich: das Gehirn. Dank der beiden deutschen Nobelpreisträger Neher und Sackman wissen wir seit 1991, dass die Gehirnzellen direkt miteinander sprechen. In ihren Wänden liegen feine Kanälchen, durch die Strom fließt: Ein Licht geht auf.

Und wenn es irgendwann länger dauert, bis der Geist blitzt, oder gar kein Einfall kommt, dann sind die Denkporen durch fette Kost verstopft – Strom kann nicht fließen, der Geist ist

tranig, der Denkprozess zäh. Man braucht mit 30 Jahren einen Einkaufszettel. Oder ein in Schweinsleder gebundenes Gehirn namens Time-Manager. Und dann dauert es nur noch ein paar fette Braten-Jahre, bis gar kein Strom mehr fließt.
Die Folge: Wie hieß der noch mal, Ah... Al... Alz...

Sie haben die Pfunde dick?
Wir zeigen Ihnen den Weg
von dick nach dünn.

Warum die meisten Diäten nicht funktionieren

Für 95 Prozent der Menschen, die abnehmen wollen, sind Diäten die Treppe zum Dicksein. Der Kampf gegen die Pfunde gipfelt nicht selten in massivem Übergewicht.

Nicht mal per Null-Diät wird man sein Fett los. Durch Null-Diät gerät der Körper in Verwirrung. Er schlägt einen neuen Stoffwechselweg ein, den er vorher gar nicht kannte. Normalerweise verbrennt er Zucker und Fett – aber während der Null-Diät verbrennt der Körper Eiweiß, sieben Tage lang. Er verbrennt sich selbst, verzehrt seine Muskeln, sein Immunsystem, sein Blut. Sie werden immer schwächer und kränker. Erst am siebten Tag wacht Ihr Körper auf und fängt langsam an, das zu tun, was Sie von ihm wollen. Nur eben nicht ganz. Auch dann verbrennt er nur 40 Prozent Kalorien in Form von Fett.

Der schnelle Anfangserfolg bei jeder Diät beruht auf schlichtem Wasserverlust. Weil verbrannter Zucker Flüssigkeit aus dem Körper schwemmt. Dann stagniert das Gewicht. Denn nach wenigen Tagen schaltet der Körper auf sein Öko-Programm – die Pfunde bleiben kleben.

Damit der Körper sich nicht selbst auffrisst, kam ein Ulmer Arzt auf die Idee, ihm wenigstens das Eiweiß in Form eines Pulvers zuzuführen. Der „Ulmer Trunk" hielt fortan in vielen Diät-Kliniken die Körper davon ab, wertvolle Muskeln zu zerstören. Doch das Übergewicht kommt trotzdem wieder. In Erlangen zum Beispiel speckten Dicke sechs Monate lang erfolgreich ab. Nach einem Jahr bestellten die Ärzte die Patienten zur Nachkontrolle. Jeder einzelne wog mehr als vor der Diät. Das nennt man den Jo-Jo-Effekt. Man startet vollschlank, und nach ein paar Jahren hat man 174 Kilo Ex-Kanzlerformat. Hungern alleine hilft eben nicht. Man muss Sport treiben.

Der Weg von dünn nach dick

Wenn man eine Diät macht, werden erst die Zuckerreserven in Muskeln und Leber angezapft. Mit jedem Gramm Zucker verliert man Wasser. Das zeigt die Waage an. Gleichzeitig nagt die Diät an den Muskeln und baut Körpereiweiß ab – das schlägt sich auf die Laune nieder. Erst dann holt sich der Körper Energie aus den Fettdepots. Langsam baut man Körpersubstanz ab.

Weil aber auch die fettverheizenden Muskeln verschwinden, verbrennt der Körper mit jedem verlorenen Kilo Masse auch weniger Energie. Er schaltet auf sein „Ökoprogramm" und macht jedes weitere Abnehmen schwer.

Nach der hausgemachten Hungersnot plagen die entleerten Fettzellen den Geist und die Nerven mit Esswut. Kaum kommt die erste vernünftige Wurstsemmel an, sagen die gebeutelten Fettzellen: Her damit! Der Körper legt Vorräte an, um dem nächsten Hungerstress vorzubeugen. Erst füllt er die Fettspeicher auf. Auch wenn diese längst übervoll sind, quält er weiter mit Hunger.

Denn es gibt nicht nur ein Fett-Gedächtnis, das den Urzustand der gefüllten Fettzellen wieder herstellen will, sondern auch ein Eiweiß-Gedächtnis. Und das gibt keine Ruhe, bis alles verlorene Eiweiß wieder an seinem Platz ist: in Muskeln, Immunsystem und Bindegewebe. Dann erst lässt die Esswut nach. Doch die Fettspeicher sind voller denn je.

Vitale Fettverbrennung heißt: Man meidet nicht nur, sondern man tut etwas.

Das Forever-schlank-Organ

Vergessen Sie, was Ihnen Ärzte und Diätapostel Jahrzehnte lang erzählt haben: Sie müssten nur Kalorien zählen und Fett vermeiden... Grundfalsch! Richtig ist: Verbrennen Sie Fett.

> Treiben Sie Ihre Fett-Enzyme an. Sie können sie dramatisch vervielfachen: Laufen Sie! Werden Sie zur Fettverbrennungsmaschine.

Sie meiden nicht nur, Sie tun etwas. Das ist neu. Dass es funktioniert, beweist die Natur. Haben Sie schon mal ein Eichhörnchen gesehen, das mit Stummelbeinchen und fetter Wampe den Baum nicht mehr hochkommt? Eichhörnchen fressen von früh bis spät Nüsse, das heißt fatale 60 Prozent Fett. Das Eichhörnchen bleibt schlank. Denn es ist eine Fettverbrennungsmaschine. Werden Sie auch eine.

Wo verbrennt Fett?

Weder in den Knochen, noch im Gehirn oder in den Fingernägeln. Fett verbrennt nur in einem einzigen Organ, unserem größten, schwersten und wichtigsten: dem Muskel.

Use it – or lose it

Der wichtigste Satz der Medizin lautet: Use it or lose it. Gebrauch es oder verlier es. Der Muskel von Reinhold Messner verbrennt Fett. Der Muskel des Bergbauern verbrennt Fett. Sonst könnte er nicht elf Stunden lang die Sense schwingen. Der Muskel des Kopfarbeiters verbrennt Zucker. Er nutzt die bequeme Art, an Energie zu kommen. Der Grund: Kopfarbeiter haben ihre Fett-Enzyme schon seit Jahren nicht mehr gebraucht. Sie haben schon lange nicht mehr elf Stunden körperlich gearbeitet.

Alles raus, was keine Miete zahlt! sagt der Körper und eliminiert die Fett-Enzyme – also die Biostoffe, die Fett killen. Der Grund: Die Kohlenhydrat-

Enzyme arbeiten effektiver. Als rudimentäres Überbleibsel verfügt der Kopfarbeiter nur noch über zehn Prozent der Fettkiller – das reicht gerade mal für die Sahne im Kaffee.

Verändern Sie Ihre Körper-Chemie

Die gute Nachricht lautet: Man kann die Chemie des Körpers so verändern, dass er Fett verbrennt, rund um die Uhr, in der Nacht, in der Hängematte, am Schreibtisch. Ganz einfach: durch aerobe Übungen, ein Muskel-Training im Sauerstoffüberschuss – ohne Anstrengung, mit einem Lächeln (siehe Seite 26). Dann braucht der Körper Fett-Enzyme, und er produziert sie wieder.

Aktivieren Sie den größten Muskel

Wie überzeugt man die Muskeln, künftig Fett zu verbrennen? Sie können Liegestütze machen – ab drei bis vier Stunden am Stück lohnt es sich. Das Beste wäre: Skilanglauf. 90 Prozent Ihrer Muskulatur wird dabei aktiv. Doch meistens guckt man zum Fenster hinaus und stellt fest: Heute spielt das Wetter nicht mit. Beim Radfahren setzen Sie 35 Prozent Ihrer Muskeln ein. Schwimmen ist noch gesünder und ebenfalls ein rein aerober Sport. Doch dabei verwandeln Sie nur 15 Prozent Ihrer Muskulatur in eine Fettverbrennungsmaschine.

Laufen Sie!
Dann verwandeln Sie 70 Prozent Ihrer Muskulatur in fettverheizende Öfchen.

Laufen ist die einzige Diät, die ewig hält

Wer abnehmen will, macht's wie das Reh: Es meidet nicht, es verbrennt Fett. Fett verbrennt man nur im Muskel und nur im Sauerstoffüberschuss.

Wenn Sie nun – als Untrainierter – loslaufen, verbrennen Sie in einer halben Stunde 0,1 Gramm Fett. Nicht mal so viel wie ein Stecknadelkopf. Doch in vier Wochen verheizen Ihre Muskeln schon fünf Gramm, 50-mal mehr. Und in zwölf Wochen sind es 25 Gramm – immerhin 225 kcal reines Fett. Laufen verändert Ihre Körperchemie.

Nach drei Monaten dürfen Sie essen, soviel Sie wollen

Denn dann können Sie nicht mehr zunehmen. Durch das Training steigt die Menge der fettabbauenden Enzyme im Körper an. Muskelmasse nimmt zu, Fett schmilzt weg. Die Anzahl der fettverbrennenden Öfchen vervielfacht sich. Und: Die Angriffspunkte an den Fettzellen nehmen zu. Mehr Enzyme können andocken und die pralle Zelle entleeren. Die Fettzellen werden regelrecht löchrig, können das Fett nicht mehr festhalten.

Laufen verändert Ihre Körperchemie. Nach drei Monaten kann Ihr Körper 10 Gramm Fett in der Stunde verbrennen – sogar dann, wenn Sie schlafen.

Werden Sie schlank im Schlaf

Die froheste Botschaft ist: Auch wenn Sie Ihre Jogging-Schuhe in die Ecke gestellt haben, gemütlich in der Hängematte liegen oder schlafen, verbrennt Ihr Körper weiter bis zu zehn Gramm Fett in der Stunde. Deutsche, Österreicher und Schweizer essen durchschnittlich 142 Gramm Fett pro Tag. Würden sie 14,2 Stunden täglich schlafen, hätten sie ihr Fett weg. Sie müssen nur ihre Fettverbrennungsmaschine jeden Tag neu starten.

Laufen weckt Körper-Intelligenz – klüger als jeder Diät-Apostel

Wer läuft, muss sich um gesunde Ernährung keine Gedanken mehr machen. Denn der Körper wird mit der zehnfachen Menge Sauerstoff durchflutet. Dadurch erwacht nach ein paar Wochen ein körperliches Instinkt-Zentrum: die somatische (körperliche) Intelligenz. Unbewusst macht sich der Körper seinen idealen Speiseplan zurecht. Wie das Kind, das instinktiv weiß, wann es genug hat: Beim ersten Löffel lacht es fröhlich, beim zweiten

Löffel lacht es immer noch, den dritten Löffel Spinat hat die Mama im Gesicht.

Laufen ersetzt die Fett-weg-Pille

Sie können für 198 Mark pro Monat eine Anti-Fett-Pille schlucken – oder Sie laufen. Die Anti-Fett-Pille verdirbt Ihnen mit Strafe den Appetit auf Fett (eine Torte, ein Würstchen wird man nach dem durchschlagenden Toiletten-Erlebnis nicht noch mal genießen).

Laufen dagegen belohnt mit Lust auf Gesundes. Jeder Läufer beginnt automatisch richtig zu essen: mehr Kohlenhydrate und Eiweiß, weniger Fett. Mehr Obst und Gemüse, weniger Fleisch. Es ist klüger zu laufen, als Ernährungsbücher zu lesen. Dahinter steckt eine Erkenntnis aus dem Zen-Buddhismus: Wenn Du etwas Wichtiges willst im Leben, ziele nicht ins Schwarze, sondern ziele daneben. Und Du triffst. Beschäftige Dich nicht mit Ernährung, laufe, und Du isst instinktiv richtig.

Laufen räumt im Blut auf

Es gibt kein Medikament, keine Diät auf der Welt, die den Cholesterinspiegel so dramatisch senkt, die Blutfettwerte so verbessert wie Laufen. Triglyzeride sinken, das gute Cholesterin HDL steigt an. Das Blut fließt besser, gerinnt nicht so leicht.

Lassen Sie sich vor Ihrem Trainigsbeginn die Blutfette messen, und dann noch einmal nach vier Wochen. Wetten, dass auch Ihr Arzt zu laufen anfängt, wenn er es noch nicht tut?

Ganz nebenbei bildet der Körper neue Blutgefäße: Wenn Sie Ihre Muskeln bewegen, können Sie sich viermal mehr Blutgefäße züchten. Sind Gefäße bereits verkalkt, sprießen neue ein und gewährleisten eine ausreichende Blutversorgung. So basteln Sie sich einen Bypass und laufen am Operationstisch vorbei.

Laufen bremst den Hunger

Laufen senkt den Insulinspiegel im Blut, bremst so den Appetit. Man hat nach dem Joggen nicht mehr, sondern weniger Hunger. Die Insulinsenkung beugt Diabetes vor. Hinzu kommt: Mit jedem Schritt werden die Knochen gestärkt. Calcium lagert sich ein. Das mindert das Osteoporose-Risiko (Knochenentkalkung). Auch Gicht muss nicht sein: Laufen senkt nämlich den Harnsäurespiegel.

Wer läuft, lebt länger. Laufen senkt den Ruhepuls, das Herz arbeitet ökonomischer, schlägt länger.

Laufen beruhigt den Stress-Esser

Sah der Steinzeitmensch einen Säbelzahntiger, erschrak er schrecklich und baute auf drei Kilometern Fluchtweg seinen Adrenalinspiegel ab. Das Stresshormon verschwand aus dem Körper. Die Hormon-Reaktion ist heute die gleiche, die Stressoren haben sich geändert – und unsere Reaktion darauf.

Klingelt das Telefon, brüllt der Kollege, nervt der Partner, staut es sich auf der Autobahn – wir bleiben sitzen und futtern eine Tafel Schokolade. Eine hohe Dosis Adrenalin zirkuliert lange Zeit in den Adern, schlägt Kerben in die Gefäßinnenwände, macht sie porös. Schoko-Fett und Kalk docken an, die Ader müllt zu.

Bekannte Folgen: Arteriosklerose, Schlaganfall und Herzinfarkt. Wer nicht nach jedem Ärger oder Schrecken eine Runde ums Karree drehen kann, sollte wenigstens einmal am Tag die zirkulierenden Stresshormone verbrennen. Das hat null Kalorien und erspart die Beruhigungs-Schokolade.

Laufen macht glücklich, und gute Laune hält schlank

Viele Menschen warten immer, dass sich die Rahmenbedingungen ändern, damit sie glücklich werden. Sie werden lange warten.

Auf's Glück wartet man nicht, Glück ist machbar. Laufen im Sauerstoffüberschuss setzt Endorphine frei, körpereigenes Kokain. Unser Kästchen voll Kokain bleibt oft ein Leben lang zu – außer wir laufen. Man muss den Körper nur etwas länger als 30 Minuten mit Sauerstoff ölen, dann öffnet sich das Kästchen. Und das ist Glück.

Laufen ersetzt die Schlank-Pille

Auch den Glücksbotenstoff Serotonin –

ein Neurotransmitter, der im Gehirn für gute Laune sorgt – kann man jeden Tag selbst erzeugen. Wer unglücklich ist, futtert Schokolade. Sie hebt den Serotonin-Spiegel im Gehirn an. Serotonin ist das körpereigene Anti-Depressivum.

Sämtliche modernen Anti-Depressiva, also Psychopharmaka, die die Stimmung heben, wirken über die Anhebung des Serotonins. Da die Hunger-Satt-Regulation ebenfalls über den Serotoninspiegel im Gehirn läuft, arbeiten auch die Appetitzügler nach diesem Prinzip. Man muss keine Pillen schlucken, braucht auch keine Trost-Pralinen. Den gleichen Effekt kann man durch Laufen erzeugen. Serotonin macht glücklich, schafft Distanz zu den Mühen des Alltags – und dämpft den Heißhunger.

Es geht auch ohne Pillen: Laufen macht schlank und glücklich.

Fitness-Test für Einsteiger

Bevor Sie loslaufen, müssen Sie herausfinden, wie es um Ihre Fitness steht. Nur wer seine Form richtig einschätzt, kann sein Training optimal darauf abstellen.

Beantworten Sie zunächst folgende Fragen:

Wie gesund sind Sie?

1. Leiden Sie an einem Herzfehler oder an einer Herzerkrankung?
   ❑ Ja ❑ Nein
2. Haben Sie Gelenkbeschwerden, sind die Gelenke geschwollen oder entzündet?
   ❑ Ja ❑ Nein
3. Haben Sie beim schnellen Gehen ein Engegefühl, ein Brennen oder einen Druck in der Brust?
   ❑ Ja ❑ Nein
4. Fühlen Sie sich schwach oder schwindelig, wenn Sie schnell gehen?
   ❑ Ja ❑ Nein
5. Fühlen Sie sich sehr müde?
   ❑ Ja ❑ Nein
6. Haben Sie zur Zeit Fieber?
   ❑ Ja ❑ Nein

Wenn Sie eine dieser Fragen mit Ja beantwortet haben, sollten Sie den folgenden Test nicht machen und auch nicht joggen, bevor Sie mit Ihrem Arzt gesprochen haben.

Finnischer 2-km-Walking-Test

Ausdauer ist beim Laufen das A und O. Sie lässt sich mit dem „Walking-Test" ermitteln. Er wurde 1987 in Finnland entwickelt und eignet sich auch für Untrainierte und Übergewichtige. Lassen Sie sich nicht abschrecken, die Berechnungsformel mag zuerst etwas verwirren, ist aber im Grunde genommen ganz einfach.

So geht's: Sie sollen eine 2 km lange, flache Gehstrecke (Halle, Sportplatz, Park) in möglichst kurzer Zeit zurücklegen. Gehen Sie mit kräftigen Armschwüngen, aber laufen Sie nicht. Das heißt, es sollen nicht beide Füße gleichzeitig vom Boden abgehoben werden. Natürlich dürfen Sie nicht aus der Puste kommen. Überanstrengen Sie sich nicht.

Messen: Am Ziel erfassen Sie die benötigte Gehzeit in Minuten und Sekunden. Also wenn Sie 9 1/2 Minuten unterwegs waren, notieren Sie 9 Minuten, 30 Sekunden. Dann messen Sie sofort Ihren Puls.

Das ist Ihr Belastungspuls. Mit Hilfe der Tabelle errechnen Sie den Walking-Test-Index. Dazu benötigen Sie noch Ihr relatives Körpergewicht, den BMI (Body-Mass-Index) von Seite 6.

Ihr persönlicher Fitness-Index		Männer	Frauen
1.	Berechnen und addieren Sie folgende Einzelwerte:		
	Gehzeit in Minuten	____ x 11,6 = ____	____ x 8,5 = ____
	+ Sekunden	____ x 0,2 = ____	____ x 0,14 = ____
	Belastungspuls	____ x 0,56 = ____	____ x 0,32 = ____
	Relatives Körpergewicht	x 2,6 = ____	____ x 1,1 = ____
	Zwischensumme	____	____
2.	Subtrahieren Sie von dieser		
	Summe Ihr Alter (Jahre)	____ x 0,2 = ____	____ x 0,4 = ____
	Zwischensumme	____	____
3.	Subtrahieren Sie diese Zwischensumme von	420	304
		– ____	– ____
	= **Walking-Test-Index**	____	____

Nach Bös 1996 „Fitness testen und trainieren" Sportinform

Walking-Test-Index	Beurteilung
Größer als 130	sehr gut
111 bis 130	gut
90 bis 110	mittel
70 bis 89	schwach
kleiner als 70	sehr schwach

Schwache Leistung?
Laufen Sie los. Binnen weniger Wochen können Sie Marathons laufen.

Kleine Laufschule

Die Gebrauchsanleitung für Ihre Fettverbrennungsmaschine ist simpel: Wer langsam läuft, kommt schnell zum Ziel – und schlank.

Laufen Sie mit einem Lächeln

Die meisten Menschen laufen, wie sie arbeiten: angestrengt, verbissen, leistungsorientiert, erfolgssüchtig. Das bewies der Kölner Sportmediziner Prof. Rost. Er fing im Kölner Stadtpark 50 Jogger ein. Führungskräfte von Ford, die, statt Mittag zu essen, lieber Fett verbrennen wollten. Prof. Rost nahm ihnen einen Tropfen Blut aus dem Ohrläppchen und raubte ihnen die Hoffnung, auch nur ein Gramm Fett verloren zu haben.

Die meisten Menschen kennen nämlich, wie diese Führungskräfte, die Gebrauchsanleitung für ihren Muskel nicht: Der Muskel verbrennt Fett nur im Sauerstoffüberschuss, also wenn man langsam läuft, mit einem Pulsschlag unter 140. Darüber bedient sich der Muskel aus dem Reservetank der Kohlenhydrate. Das ist im Blut leicht nachweisbar.

Laktat 4 heißt: Das Fett bleibt liegen

Ein Gesetz der Physiologie lautet: Ist zu viel Milchsäure (Laktat) im Blut, leidet der Muskel unter Sauerstoffnot. Der Körper reagiert sauer, weil Sie hecheln, keuchen, schwitzen, sich anstrengen, leiden. In Zahlen ausgedrückt: Laktat über 4 mmol/l ist der Beweis dafür, dass – trotz irrer Anstrengung – mangels Sauerstoff nur eine Handvoll Kohlenhydrate verbrannt wird, wie z. B. beim Sprinten, Squashen, Tennis oder Mountainbiken. Fett dagegen lässt der Körper links liegen.

Wie findet man seinen richtigen Puls?

Bis zu einem bestimmten Puls verbrennen Sie Fett, zum Beispiel bis 140 Schläge pro Minute, darüber Kohlenhydrate. Das kann schon bei 142 passieren. Und weil einen nur wenig Pulsschläge vom Glück trennen, hat Joschka Fischer den Marathonläufer Herbert Steffny als

Trainer an seiner Seite. Andere tragen eine Pulsuhr, die piepsend warnt, sobald der Puls zu hoch ist. Sie können Ihren individuellen Puls vom Sportmediziner messen lassen – aber am besten ist, Sie bestimmen ihn selbst. Setzen Sie lieber Ihren körpereigenen Drehzahlbegrenzer ein.

Die Atmung stellt den Puls ein

Laufen Sie langsam los. Atmen Sie drei Schritte ein und drei Schritte aus, drei ein, drei aus...

Nach fünf Minuten lesen Sie auf der Pulsuhr, welcher Takt an diesem Tag der richtige für Sie ist. Denn der Puls variiert jeden Tag, mit der Anzahl der Kaffeetassen, der geschlafenen Stunden und Ähnlichem.

Nun laufen Sie 30 Minuten – oder länger – mit diesem Puls. Lächelnd, leicht, vergnügt, nicht angestrengt. Wenn er hoch geht, drosseln Sie die Geschwindigkeit, bergab legen Sie einen Zahn zu.

Wichtig: Jeder Tag macht Sie fitter, das heißt, auch Ihr Puls verändert sich. Nach ein paar Wochen stellt sich ein „steady state“ ein, eine Pulsfrequenz, die Ihr persönlicher Belastungspuls wird.

Hier finden Sie Ihren ungefähren Trainingspuls

Ruhepuls	Trainingsfrequenz/Alter				
pro Min.	20-39	40-49	50-59	60-70	> 70
bis 50	140	135	130	125	120
50-59	140	135	130	125	120
60-69	145	140	135	130	125
70-79	145	140	135	130	125
80-89	145	140	135	130	125
90-100	150	145	140	135	130

Die Tabelle spiegelt Lehrbuchwissen wieder. Sie sollte Ihnen nur als Anhaltspunkt dienen.

Laufen Sie natürlich, das ist normal

Laufen Sie einmal barfuß über eine Wiese. 95 Prozent der Menschen laufen dann richtig, wenn sie keine High-Tech zwischen Boden und Fußsohle haben. Das natürliche Laufen ist das Normale. Die meisten machen den Fehler, die Ferse zuerst aufzusetzen. Der punktförmige Kontakt hat zur Folge, dass

der gesamte Bewegungsapparat stärker belastet wird.
Richtig ist: Man setzt den Vorfuß zuerst auf, federt weich durch, dann berührt die Ferse den Boden. Der Schritt wird weich abgefangen von den körpereigenen Stoßdämpfern: den Gelenken und der Muskulatur. Die Arme schwingen entspannt neben dem Körper und dienen nur zur Bekräftigung der Beinbewegung. Solange Sie entspannt sind, können Sie nichts falsch machen.

Nur wenn das Herz nicht rast, der Puls unter 140 liegt, strömt genug Sauerstoff in die Zelle. Und der Muskel arbeitet auf Hochtouren, verheizt Fett. Der Jogger läuft leicht, locker, lächelnd.

Wie oft sollte man laufen?

Das aerobe Lauftrainig, also im Sauerstoffüberschuss, sollte täglich stattfinden. Laufen Sie gleichmäßig, non-stop bei einer Ihnen angenehmen Geschwindigkeit und mindestens 15 Minuten.

Wenn Sie das anfangs nicht schaffen sollten, dann beginnen Sie mit drei Minuten und hängen jeden Tag eine weitere Trainingsminute an. Nach 27 Tagen sind Sie dann bei den wertvollen 30 Minuten. Und auch Ihre Sehnen und Gelenke haben sich daran gewöhnt – Sie haben sich eingelaufen.

Nutzt Kilometerfuttern nicht die Gelenke ab?

Haben Sie schon mal ein Reh mit Arthrose gesehen? Gelenke und Bandscheiben bestehen aus Knorpel ohne Blutgefäße. Wie werden sie ernährt? Durch Diffusion, durch Bewegung, nach dem Prinzip einer Druck-Saug-Pumpe. Der Mensch ist dazu geschaffen, sich zu bewegen. Er tat es, bis ihm Gaspedal und Bremse die Füße ersetzten. Jedes Kind läuft täglich zehn Kilometer. Das ist normal. Mit sechs wird es stillgesetzt. Und im Alter von fünfzig hat jeder zweite Rückenschmerzen. Werden Sie wieder normal, laufen Sie täglich – am besten wie ein Kind zehn Kilometer.

Nun brauchen Sie nur noch einen Laufreflex

Kaufen Sie sich ein paar gute Joggingschuhe und eine Pulsuhr, und laufen Sie los. Dann geht alles wie von selbst. Denn Laufen macht süchtig – man muss nur anfangen.

Der Trick besteht darin, einen Automatismus zu schaffen, einen Laufreflex, so wie jeder einen Frühstücksreflex hat: Völlig automatisiert hinsetzen, das Ei köpfen, sich weder aufraffen noch überreden müssen. Wie macht man das? Indem man vier Wochen lang täglich zur gleichen Zeit läuft.

Praktisch geht das so

Man kauft Laufschuhe, stellt sie abends neben das Bett, rumpelt früh hoch, fällt in die Schuhe, erschrickt fürchterlich und läuft los. Wichtig: Nicht erst Zähne putzen und duschen. Denn das kostet zwölf Minuten. Da fallen einem garantiert vierzehn Ausreden ein, warum man gerade heute zufällig ausnahmsweise keine Zeit zum Laufen hat.

Es geht darum, in den ersten vier Wochen das Denken abzustellen und loszulaufen. In dieser Zeit ist das bitter, vor allem bei schlechtem Wetter. Nach vier Wochen aber wird es süß. Es wächst ein Verlangen, ein Wollen, ein Träumen, ein Genießen. Laufen macht süchtig.

Es kostet Sie nur vier Wochen – Sie gewinnen einen Reflex, der Ihr Leben verlängert.

Ein bisschen Wissenschaft: der Stoffwechsel

Wie Sie mit dem Turbo-Fatburner-Trick in Sekunden mehr Fett verbrennen als in einer Stunde Tennis.

Damit sich der Muskel kontrahiert, der Geist blitzt, die Nerven reagieren, muss sich in der Zelle ATP (Adenosintriphosphat) entzünden. Stellen Sie sich das ATP als ein Streichholz vor: Durch Reibung an der Schachtel explodiert der Kopf, und das Holz verbrennt. Jede Zelle besitzt einen Vorrat an ATP-Streichhölzern. Die langen Stäbchenmoleküle (Adenosine) tragen einen energiereichen Kopf (Phosphor). Springt dieser ab, bekommt der Körper einen Energieschub.

Nur muss dieser Kopf immer wieder erneuert werden. Dazu verbrennt der Körper Zucker oder Fett. Die freigesetzte Energie erneuert die ATP-Streichhölzer. Der Phosphor hängt sich wieder ans ATP-Molekül.

Jede Zelle des Körpers, auch die Muskelzelle, verfügt aber nur über einen begrenzten Vorrat an ATP-Streichhölzern. Egal was wir machen – ob wir essen oder wachsen, atmen oder denken – verbrauchen wir ATP. Und bei sportlicher Bewegung muss die Muskulatur zusätzlich in Sekundenschnelle das Hundertfache an Energie liefern. Eine Menge Streichhölzer müssen erneuert werden. Und wie funktioniert das?

- Wenn Sie lossprinten, geht Ihnen bald die Kraft aus, weil die Zelle mit der Streichholz (ATP)-Produktion nicht mehr nachkommt. Der Muskel greift mangels Sauerstoff auf die schnelle Energie zurück: zuckerspaltende Enzyme werden aktiv. Der Muskel verfeuert Glukose, um den ATP-Vorrat wieder anzulegen. Doch der Zucker-Vorrat ist begrenzt. Man ermüdet schnell, und das Fett bleibt liegen.
- Wenn Sie langsam laufen, können die ATP-Moleküle gemütlich nachproduziert werden. Dank Sauerstoffüberschuss werden fettspaltende Enzyme aktiv. Der Muskel verfeuert Fettsäuren. Der Vorrat ist unbegrenzt. Mit dieser Energie kann man

Marathons laufen – und wie Joschka Fischer Fett abbauen.

- Und jetzt der Turbo-Fatburner-Trick: Sie sprinten los, sieben Sekunden. Der Phosphor in den Kraftwerken wird verbraucht, komplett, und will dringend wieder aufgefüllt werden – weil Sie atemlos sind, weil Ihnen Sauerstoff fehlt – mit Zucker...
Nein! Nicht, wenn Sie nach den sieben Sekunden schlagartig wieder langsam laufen. Drei Atemzüge bringen Sie in den Sauerstoffüberschuss. Jetzt wird nicht Zucker zum Aufbau von Phosphor verwendet, sondern Fett. Gierig saugt die phosphatentleerte Zelle Brennstoff von außen in sich hinein, wird zum Turbo-Öfchen für Fett. Und das Spiel können Sie wiederholen. Wenn Sie wollen, jede Minute: Sieben Sekunden sprinten, dann langsamer Zockeltrab, bis die Minute voll ist. Erneut sieben Sekunden sprinten... Sollte Sie das zu sehr anstrengen, können Sie den Sieben-Sekunden-Sprint-Trick auch alle fünf oder zehn Minuten einsetzten. So gewöhnen Sie Ihre Körperzellen daran, gierig, beinahe raffgierig Fett in sich hineinzusaugen und zu verbrennen.

Sieben-Sekunden-Sprints machen die Fettzelle zum Turbo-Fatburner.

Schlemmen Sie sich fröhlich schlank

Abnehmen ist leicht. Sie laufen und halten sich an fünf Regeln: Fett minimieren, Eiweiß optimieren, das Insulin nicht provozieren, Lebendiges essen und auf den Körper hören.

Regel 1: Minimieren Sie das Fett

Fett ist der Dickmacher Nr. 1. Wir essen im Schnitt nämlich täglich 142 Gramm.

80 Gramm sind bekömmlich, und 60 Gramm halten schlank. Fett ist der Hauptfeind des Kopfarbeiters. Denn Denken verbraucht null Kalorien, aber ein Gramm Fett liefert 9 kcal.

Studien zeigen: Wer täglich nur zehn Gramm Fett spart (zum Beispiel einen Esslöffel Butter), verliert auf Hüften und Po 4,7 Kilo pro Jahr. Wenn Sie Ihren Fettkonsum von 140 auf 60 Gramm reduzieren, macht das theoretisch 37 Kilo.

Das ist ganz einfach: Meiden Sie sichtbares Fett, sparen Sie bei tierischen Fetten. Und geben Sie den ungesättigten Fettsäuren der Pflanzenöle den Vorzug, denn diese kann der Körper selbst nicht herstellen.

Fett-Tabelle

Gramm-Angaben pro 100 Gramm

	Milchprodukte	Käse
mager	entrahmte Milch (0,1 g) Buttermilch (0,5 g) Magerjoghurt (0,3 g) Molke (0,2 g) Kefir, fettarm (1,5 g)	Hüttenkäse (3 g) Schichtkäse mit 10 % (2 g) Magerquark (0,3 g Harzer Käse (0,7 g Kochkäse mit 10 % (3 g)
fett	Sahnejoghurt (10 g) Schmant (10 g) süße Sahne (32 g) Crème fraîche (30 g) Crème double (40 g)	Mascarpone (48 g Bavaria Blue mit 70 % (40 g) Cambozola mit 70 % (40 g) Edelpilzkäse mit 60 % (39 g)

Fisch	Fleisch	Wurst und Fleischwaren	Süßes und Desserts	
Flunder (0,7 g) Kabeljau (0,6 g) Schellfisch (0,6 g) Krebs (0,5 g) Barsch (0,8 g) Zander (0,7 g)	Hühnerbrust (6 g) Putenbrust (1 g) Lammfilet (3 g) Kalbsschnitzel (2 g) Rinderfilet (4 g) Tartar (3 g) Schweinefilet (2 g) Rehrücken (2 g)	Roastbeef (5 g) Geflügelwurst (5 g) Schinken ohne Fettrand (3 g) Gemüse-Putenwurst (4 g)	Zitronensorbet (0,1 g) Rote Grütze (0,1 g) Geleefrüchte (0,2 g) Lakritze (0,9 g) Marshmallows (0 g) Gummibärchen (0 g) Mohrenkopf (0,2 g)	mager
Hering (18 g) Makrele (12 g) Aal (25 g) Lachs (14 g) Thunfisch in Öl (21 g)	Gans (31 g) Lammkotelett (32 g) Bauchfleisch (21 g) Rückenspeck (83 g) Schweinemett (28 g) Schweine-schulter (23 g) Rinderhack (14 g)	Salami (33 g) Mettwurst (37 g) Mortadella (33 g) grobe Leber-wurst (29 g) Blutwurst (29 g)	Sahne-Eis (17 g) Mousse au chocolat (16 g) Müsliriegel (19 g) Schokolade (30 g)	fett

Für immer schlank durch FdH: Fett die Hälfte.

Diese 15 Tricks helfen Ihnen dabei.

1. Natürlich light: Naturbelassene Lebensmittel sind fettärmer: 100 g Pellkartoffeln haben 0,3 g Fett (66 kcal), Chips 40 g (549 kcal).

2. FdH-Kochen: Beschichtete Pfannen nur mit Öl auspinseln. Fett nach dem Anbraten von Fleisch aus der Pfanne gießen.

3. Null-Tarif: Zugreifen bei Obst, Gemüse, Kartoffeln, Salat – alles hat kein Gramm Fett. Dämpfen und Grillen kann man ohne Fett.

4. Sparversion: „Teller frei!" gilt auch für Getreide, Nudeln, Reis, sie enthalten Fett nur in Spuren.

5. Mager-Variante: Bei Fleisch, Fisch, Milch, Käse, Joghurt und Wurst immer zu der mageren Spezies greifen.

6. Buttertrick: Toast auskühlen lassen, sonst saugt er viel Fett auf. Butter mit Zimmertemperatur lässt sich dünner verstreichen. Unter Marmelade passt auch kalorienarmer Magerquark.

7. Hausmacher-Müsli: Mixen Sie Ihr Müsli lieber selbst. Fertigmüslis enthalten viel Fett in Nüssen und Schokolade Natürlich light: Haferflocken, magere Milchprodukte, Obst.

8. Naschen erlaubt: Bonbons, Gummibärchen, Fruchteis, Mohrenköpfe und Salzstangen haben kaum oder kein Fet Kuchen, Torten, Eiscreme und Schokolade sind wahre Fettbomben.

9. Dosierbremse: Für Ölflaschen gibt e Tröpfchendosierer, die verhindern, dass Niagarafälle an Öl-Kalorien Ihren Salat ersticken.

10. Fett-die-Hälfte: Schneiden Sie die Fettränder vom Fleisch weg, und lasser Sie die Wurst an der Fleischtheke so hauchdünn schneiden, dass Sie durchblicken können.

11. Leichte Anmache: Rühren Sie Ihr Salatdressing nicht mit Öl an, sondern mit Joghurt.

2. **Saucen-Trick:** Ersetzen Sie die Sahne
ı der Sauce durch püriertes Gemüse,
ettarme Dickmilch oder Sauerrahm.

3. **Panade ade:** Panade ist ein wahrer
ettschwamm – Sie sollten sie immer vom
isch oder Fleisch kratzen. Und allem aus
er Friteuse sollten Sie die kalte Schulter
eigen.

4. **Prozente geben lassen:** Bei Käse und
Ailchprodukten greifen Sie zu den mage-
en Versionen. Ein Becher Vollmilchjoghurt
vartet zum Beispiel mit 5,3 Gramm Fett
uf, Magerjoghurt nur mit 0,5 Gramm.

5. **Sorten-Tausch:** In 30 Gramm Crème
aîche stecken 9 Gramm Fett, in der
elben Menge saurer Sahne nur 3. Eine
cke Camembert (30 g) liefert 10,2 Gramm
ett, Harzer Käse nur 0,2.

Regel 2: Tappen Sie nicht in die Insulinfalle!

Gehören Sie auch zu den Menschen, die an die Kraft der „Nervennahrung" glauben und mit Traubenzucker oder Schokoriegeln schnell Energie tanken und dem Gehirn auf die Sprünge helfen wollen? Oder sind Sie ein Nascher, der an keiner Praline vorbei gucken kann?

Meiden Sie den schnellen Zucker. Er löst Heißhungerattacken aus und delegiert das Fett auf die Hüften. Kaum essen Sie Süßes, Weißmehlprodukte oder polierten Reis, schießt der Zucker ins Blut, der Blutzuckerspiegel schnellt hoch. Die Bauchspeicheldrüse schüttet Insulin aus. Das Hormon fordert den Muskel auf: „Schnell, hol Dir Süßes!" und es schickt die Nahrungsfette direkt dort hin, wo wir sie nicht haben wollen: in die Fettzellen. Dort ruht das Fett, wird nicht abgebaut und drückt den Waagezeiger nach oben. Der Muskel schluckt den Zucker, der Blutzucker-spiegel sinkt unter den Ausgangswert. Der Körper reagiert mit Heißhunger.

Und siehe da, er findet die nächste Tafel Schokolade.

Die Natur weiß es besser. Die Natur meidet Insulinspitzen. Meiden Sie künstliche Kohlenhydrate, greifen Sie zu den natürlichen: Vollkornprodukte, Kartoffeln, Obst und Gemüse. Sie liefern Ballaststoffe, entgiften, halten den Darm in Schwung und sättigen lange. Natürliche Kohlenhydrate halten schlank und beugen Heißhungerattacken vor. Denn der Insulinspiegel steigt nur langsam und kontinuierlich an.

Regel 3: Optimieren Sie Ihr Eiweiß – es macht schlank und gute Laune

Eiweiß und natürliche Kohlenhydrate kann man essen, soviel man will. Man nimmt nicht zu. Doch ein Gramm Fett schlägt mit 9 kcal zu Buche, wandert unberührt auf Bauch, Hüfte und Po.

Eiweiß hat pro Gramm nur 4 kcal. Und das Beste daran: Der Körper muss zu seiner Verarbeitung auch noch Energie zuschießen. Eiweißessend wird man schlank. Warum wurde nur so lange davor gewarnt? „Größere Eiweißmengen wirken stimulierend, erhöhen die Arbeits- und Lebensfreude." Das steht in einem Standardwerk über „Biochemie und Physiologie der Ernährung". Diesen Band scheinen die Ernährungspäpste nicht gelesen zu haben. Sie predigen seit Jahrzehnten: Alle essen zu viel Eiweiß. Falsch! Schuld ist ein Übersetzungsfehler.

In Amerika dopte man in den 60er Jahren die Football-Spieler mit acht Steaks pro Tag. Sie wurden schneller, kräftiger, leistungsfähiger, fitter – nur mit dreißig waren sie sterbenskrank, litten unter Arteriosklerose, Gicht und Nierensteinen.

Kein Wunder, Steakfleisch enthält „schlechtes" Fett und Purine, die den Harnsäurespiegel erhöhen. Also folgerte man: „Too much protein, that's bad." Wir übersetzten: „Zuviel Eiweiß ist schlecht." Aber es hätte heißen müssen: „Zuviel Fleisch ist schlecht." Und das ist unbestritten, wir alle essen zu viel Fleisch. Aber keiner isst zuviel Reis, Mais, Hirse, Weizen, Hülsenfrüchte – gesunde, eiweißreiche Grundnahrungs-

Wenig Fett, viel Eiweiß

	Fett %	Eiweiß %
Fisch		
Forelle	2,0	20,0
Garnele	1,8	18,0
Heilbutt	2,0	20,0
Kabeljau, Seelachs	0,3	17,0
Schellfisch	0,3	17,0
Steinbeißer	4,4	22,0
Rotbarsch	3,6	18,0
Fleisch		
Geflügel	6,0	20,0
Kalbsfilet	1,0	21,0
Rind, Keule	8,0	20,0
Tartar	4,0	20,0
Wild	3,0	21,0
Milchprodukte		
Buttermilch	0,6	3,3
Magerjoghurt	0,3	4,0
Magermilch	0,3	3,3
Hüttenkäse	2,0	14,4
Pflanzen		
Bohnen, weiß	2,0	22,0
Linsen	1,0	23,0

mittel, die ganze Kontinente ernähren.

Eiweiß ist unser wertvollster Nahrungsbestandteil – der Baustein, aus dem Leistung ist. Über die Nahrung müssen wir dem Körper täglich Eiweißnachschub liefern, damit er Hormone bilden kann, das Immunsystem instand hält, Muskeln bildet und Zellen repariert.

Jede einzelne der 22 Aminosäuren muss dem Körper als Baustein für die Synthese körpereigener Substanzen zur Verfügung stehen. Nur wenn wir unseren Körper optimal mit Eiweiß versorgen, können alle Organe maximal funktionieren.

Welches Eiweiß?

Ein optimaler Eiweißlieferant ist die Linse. In der Linse stecken 23 Prozent Eiweiß und weniger als ein Prozent Fett. Sie steht stellvertretend für andere Hülsenfrüchte wie Erbsen, weiße Bohnen und Körner wie Reis, Weizen, Hirse, Hafer und Grünkern. Fisch und Fleisch liefern auch wertvolles Eiweiß, aber meist in Gesellschaft von Fett.

Regel 4: Essen und trinken Sie Leben

In einem einzigen Apfel stecken 10 000 Wirkstoffe. Wir kennen nur 190. Deswegen ist es mit Magnesiumpulver und Vitamin C-Pillen alleine nicht getan. Man muss schon auch den Apfel essen. Das Magnesium gibt es obendrauf. Heute müssen die meisten Menschen zum Gemüsehändler und in die Apotheke gehen: Denn Monokultur laugte die Böden aus, Mineralstoffe und Spurenelemente stehen der Pflanze und somit dem Tier nicht mehr zur Verfügung.

Die Pflanzen dopt man mit Kunstdünger zu schnellem Wachstum (Tiere mit Hormonen und Antibiotika). Das lässt den Pflanzen nicht mal mehr Zeit, das bisschen Gesundheit aus dem Boden zu holen, das noch übrig ist. Die Vitamine verschwinden auf dem Transport und im Supermarkt. Der Faktor Zeit rafft sie dahin.

Und den Rest Gesundheit treibt die Hausfrau aus. Von früh bis abends bemüht sie sich, aus dem Essen die Gesundheit zu entfernen. Beispiel Blumenkohl: Er strotzt vor Vitamin C, Zink, Vitamin E. Auf dem Herd aber, in zwei Litern Wasser, sterben bei 80 Grad Vitamine ab (das Dioxin hält sich bis 1 200 Grad, nicht aber sein Gegengift Vitamin C). Von Selen und Zink driftet die Hälfte ins Kochwasser, das schüttet man weg. Und das restliche Selen im Blumenkohl fällt

Meiden Sie Fertigprodukte, essen Sie „Leben". Je unverarbeiteter ein Lebensmittel, desto höher sein Nährwert. Das heißt: Jede Kalorie liefert Gesundheit, Vitalität, Fitness mit, in Form von Vitaminen, Mineralstoffen und Spurenelementen.

der Hitze zum Opfer. Es oxidiert und steht in dieser Form dem Körper nicht mehr zur Verfügung. Wenn man einen Apfel im Boden vergräbt, wächst ein Baum. Das ist Leben. Mit einem Apfelkuchen funktioniert das nicht. Wenn man eine Bohne in ein Wasserglas legt, keimt sie. Wasser ist Leben. Die Bohne keimt auch in Mineralwasser, in Tee. Nur in Bier, Schnaps oder Wein stirbt sie. Alkohol tötet Leben. Deswegen verwendet man ihn in Krankenhäusern zum Desinfizieren und Sterilisieren. Wenn Sie nun 50 Prozent Lebensmittel zu sich nehmen: Obst, Gemüse, Getreide oder – wie der Japaner – Fisch in seiner rohen Form, dann können Sie in den anderen 50 Prozent der Fälle Kompromisse schließen – in Form von Torten, Braten, Wein und Co.

Regel 5: Hören Sie auf Ihren Körper

Wenn ein Kind in der Schule zur Tafel rennt, sich die grüne Kreide schnappt und isst, nennt man das somatische Intelligenz. Das Kind ist zuckerkrank. Diabetiker leiden unter Chrommangel. Chrom steckt in der grünen Farbe der Kreide.

Somatische Intelligenz kann man wecken: Indem Sie täglich laufen, Ihre Körperzellen mit zehnmal mehr Sauerstoff versorgen. Und Sie werden sehen: Sie essen von Stund an richtig. Weil Ihnen Ihr eigener Körper sagt, was er braucht – klug und völlig unabhängig von einer Ernährungstabelle. Darum wundern Sie sich nicht über die seltsamsten Gelüste, geben Sie ihnen nach: Es kann eine Packung Mohrenköpfe sein oder ein Pfund rohe Leber.

Regel 6: Lassen Sie sich ein Blutbild machen

Wenn Sie versuchen, Ihre leeren Vitamin-, Mineral- und Aminosäure-Speicher im Körper mit Lebensmitteln wieder aufzufüllen, dauert es in etwa so lange, wie Sie brauchten, um die Depots zu leeren. Lassen Sie von Ihrem Arzt ein Blutbild machen. Und füllen Sie das, was fehlt, in drei Monaten auf: mit Präparaten aus der Apotheke. Und anschließend genügt normales, richtiges Essen.

Tip: Eiweiß aus der Apotheke

Sie wollen Ihren Eiweißspiegel rasch anheben? Ein gutes Eiweißkonzentrat erkennen Sie daran, dass 60 Prozent tierisches Eiweiß enthalten ist (meistens Eiklar) und 40 Prozent sollten pflanzliche Eiweiße sein (häufig Soja). Auf dem Etikett muss eine biologische Wertigkeit über 100 ausgewiesen sein – alles darunter ist Geldverschwendung. Außerdem sollten Sie darauf achten, dass alle lebenswichtigen Aminosäuren enthalten sind.

Und wieviel Eiweiß haben Sie im Blut?

Eiweiß bestimmt Ihr Wohlbefinden. Bei einem Bluteiweiß von

- 8 fühlen Sie sich wohl und sind aktiv,
- 7 geht es Ihnen ganz gut,
- 6 sind Sie müde und schlapp, ohne Energie.

Sie erfahren Ihren Wert von Ihrem Arzt.

Vitalstoff-Empfehlungen

Tägliche Dosierung Vitamine und Mineralien	
Vitamine	
Vitamin C	1 - 3 g
Vitamin E	400 mg
Vitamin A	2000 - 5000 i. E.*
Beta-Carotin	25 - 50 mg
Vitamin B1	10 - 40 mg
Vitamin B2	10 - 40 mg
Vitamin B3	50 - 200 mg
Vitamin B6	10 - 40 mg
Vitamin B12	5 - 15 µg
Folsäure	400 - 1000 µg
Pantothensäure	10 - 30 mg
Biotin	100 - 500 µg
Vitamin D	3 - 15 µg
Vitamin K	30 - 120 µg
Mineralstoffe:	
Magnesium	300 - 600 mg
Kalzium	1000 - 1500 mg
Spurenelemente:	
Selen	100 - 200 µg
Eisen	25 - 50 mg
Zink	15 - 50 mg
Mangan	2 - 5 mg
Kupfer	2 - 4 mg
Chrom	150 - 250 µg
Molybdän	60 - 300 µg
Jod	150 - 200 µg

*) i. E.: internationale Einheiten.

In unseren Lebensmitteln stecken immer weniger Vitalstoffe. Da Kopfarbeiter mit Kalorien vorsichtig sein müssen, um nicht zuzunehmen, fehlt es auch oft an Vitalstoffen. Ich empfehle Breitensportlern und Kopfarbeitern täglich Vitalstoffe zusätzlich zur gesunden Ernährung aufzunehmen – die empfohlene Menge zeigt die nebenstehende Tabelle. Am besten ist, wenn Sie die Vitalstoffe in Ihrem Blut messen lassen - und Ihre leeren Tanks gezielt auffüllen. Dann benötigen Sie vielleicht sogar mehr, als die hier angegebenen Werte. Sprechen Sie auf alle Fälle mit Ihrem Arzt.

Das Neueste aus der Figur-Forschung: Nutzen Sie die Kraft der Fatburner

Sie wollen abnehmen – sogar im Schlaf?
Kein Problem. Körpereigene Hormone
und Biostoffe wirken Wunder.

Hormone, die schlank machen

Sie sollen Fett nicht nur meiden – Sie sollen es verbrennen. Dabei helfen Ihnen Hormone. Und diese können Sie selbst herstellen.

Fatburner Nr. 1: Das Wachstums-Hormon

1990 wurde der US-Arzt Dr. Rudman schlagartig weltberühmt. Er spritzte 65jährigen über ein halbes Jahr hinweg dreimal die Woche das „Human Growth Hormon" (HGH). Das menschliche Wachstumshormon ist nichts besonderes. Jeder hat es im Körper, nur die Menge ebbt im Laufe des Lebens ab. Mit 65 hat man nichts mehr.

Was passierte während der Rudman-Studie? Die 65jährigen wurden wieder jung. Zwanzig bis dreißig Jahre jünger. Die Muskelmasse nahm zu, das Fett schmolz weg, die Haut wurde straffer, die inneren Organe wuchsen, die Knochendichte nahm zu, die Arterienverkalkung ab. Kein Märchen, sondern Titelgeschichten in „Time Magazin", „Newsweek", „Paris Match".

Heute ist die Jungbrunnen-Kur mit HGH der Renner in USA – aber teuer. Jede Spritze kostet 200 Dollar. Und setzt man die Hormonspritzen ab, schrumpfen Muskeln und Organe wieder, Fett setzt sich an...

Machen Sie Ihr Wachstumshormon lieber selber. Sie brauchen nur zwei Aminosäuren: Arginin und Lysin. 1,2 Gramm davon, und sie stimulieren die Bildung des Wachstumshormons um den Faktor 4. Und zwar den ganzen Tag. Muskeln wachsen, Fett schmilzt dahin, die Haut wird straff.

Wie schafft man das? Essen Sie in Zukunft Ihr Eiweiß ohne Fett. Die beiden Aminosäuren essen Sie zwar jeden Tag: in Quark, Fisch und Fleisch. Aber eben immer mit Fett. Und Fett lähmt die Verdauung. Es verzögert die Aufnahme der willkommenen Aminosäuren. Die Aminosäuren kommen nie auf einmal, in ausreichender Menge, rasch genug ins Blut. Das Wachstumshormon kann so nicht stimuliert werden. Sie bleiben dick. In der Tabelle auf Seite 39 finden Sie beispiele für „viel Eiweiß – wenig Fett".

Fatburner Nr. 2: Testosteron

Zink ist neuerdings das Mode-Mineral in der Sportlerszene. Anabolika-Spritzen sind out, man kann sich auf natürliche Weise dopen. Zink baut Eiweißstrukturen, also Ihr Immunsystem, aber eben auch Muskeln auf und verhilft über das männliche Hormon Testosteron zu innerer Dynamik – beides bekanntlich sehr effektive Fettschmelzen. Zink plus Eiweiß stimulieren den Körper zur Produktion von Testosteron – das Hormon für innere Kraft und Antrieb. Das Power-Hormon, das Bäume ausreißen lässt.

Hormone sind das kabellose Kommunikations-System Ihres Körpers. Mit zunehmendem Alter nehmen die agilen Botenstoffe im Blut ab. Das mindert den Antrieb, mehrt die Pfunde. Ausweg: Bieten Sie Ihrem Körper ausreichend Hormon-Bausubstanz an: Eiweiß und Spurenelemente.

Gilt das nur für Männer? Nein. Die Frau verfügt zwar nur über ein Zehntel der Testosteronmenge des Mannes. Aber auch bei ihr sind Hochs und Tiefs, Schlappsein und Antrieb direkt an den Testosteron-Spiegel im Blut gekoppelt. Und diesen kann man mit Zink und Eiweiß erhöhen – jede Auster weiß das. Sie besteht nämlich aus diesen beiden Stoffen. Empfehlung: 15 Milligramm täglich, am besten in einem guten Spurenelement-Cocktail.

Fatburner Nr. 3: Glukagon

Glukagon ist der Gegenspieler des Insulins, hemmt seine dickmachende Geschäftigkeit. Während Insulin nach Zuckergenuss alle im Blut schwimmenden Fettmoleküle zu den Hüften treibt, sorgt Glukagon dafür, dass Fett aus den Zellen geholt und zur Energiegewinnung herangezogen wird. Das Hormon der Bauchspeicheldrüse ist also ein wahrer Fettfresser. Doch die Bildung des Schlank-Hormons ist abhängig von der Eiweißzufuhr. Nimmt man zu wenig Eiweiß mit dem Essen auf, reduziert man die Produktion von Glukagon. Das bedeutet: Die Fettzellen bleiben voll.

Fatburner Nr. 4: Schilddrüsenhormone

Warum sind die Asiaten so schlank? Sie essen Meeresalgen wie wir Kartoffeln. In Algen steckt tausendmal mehr Jod als in jedem anderen Lebensmittel. Und Jod ist Treibstoff für unseren Stoffwechselmotor, die Schilddrüse. Sie braucht Jod für die Bildung ihrer Hormone. Nur wenn genügend Jod vorhanden ist, produziert die Schilddrüse ausreichend Thyroxin – den Treibstoff allen Lebens.

Sie haben durchschnittlich 70 Einheiten Jod im Blut. Zu wenig – weil Sie nicht jeden Tag Fisch essen, den wichtigsten Jodlieferanten. Das tägliche Jodsalz bringt Sie auf 79. Laut WHO bräuchten wir aber minimal 150 Einheiten Jod. Sie haben nicht genug Jod, also auch nicht genug vom Schilddrüsenhormon, dem Zündfunken der Fettverbrennung. Das Hormon dringt nämlich zu den Fettzellen und stimuliert dort die Entfettungs-Mechanismen. 150 – 200 µg pro Tag sollten

Sie zu sich nehmen (siehe Seite 43). Das schaffen Sie nur mit Hilfe der Apotheke.

Um das Energie-Hormon Thyroxin zu bilden, braucht die Schilddrüse auch noch den Eiweißbaustein Tyrosin. Fehlt er in der Nahrung, ist der Fettabbau blockiert. Tyrosin steckt in Käse oder Milchprodukten und in Soja – darum sind die Asiaten so dünn.

Und noch ein Wort zum Zauberstoff Selen. Das Spurenelement fehlt in deutschen Böden genauso wie Jod. Vor 40 000 Jahren wuschen es die Gletscher aus.

Nun ist es ausgerechnet ein selenabhängiges Enzym, welches das Schilddrüsenhormon Thyroxin aktiviert – und somit die Fettverbrennung um ein vielfaches stimuliert. Eine kaum bekannte Tatsache. Selen haben wir alle zu wenig im Blut. Im Durchschnitt 80 Einheiten. Anderen Ländern geht es besser, dort steckt Selen im Boden: In den USA hat die Bevölkerung 160 Einheiten im Blut, in Kanada 190, in Guatemala 240.
Sie sollten sich Ihre täglichen 100 – 200 µg aus der Apotheke holen.

Fatburner Nr. 5: Noradrenalin

Noradrenalin ist unser positives Stresshormon, das sogenannte Eustresshormon, welches uns so beflügelt, wenn eine kreative Arbeit schnell erledigt werden muss. Wird Noradrenalin von Körper und Geist gebraucht, schüttet es die Nebenniere in die Blutbahn. Ohne große Umwege landet es blitzschnell in der Fettzelle. Dort saugt es Fett ab für die Energiegewinnung.

Noradrenalin sorgt dafür, dass besonders viel Fett in Energieschübe umgewandelt wird, die uns Höchstleistung vollbringen lassen. Damit Noradrenalin überhaupt produziert wird, braucht der Körper Eiweißbausteine und Vitamin C. Womit wir beim nächsten Kapitel wären.

Aus Eiweiß macht der Körper Zauberstoffe, die über Nacht verjüngen und tagsüber Kraft und Kreativität verleihen: Hormone.

Bio-Stoffe, die Fett verbrennen

Bringen Sie Ihre Zell-Öfen dazu, Fett zu verheizen: Diese Vitamine, Mineralstoffe und Aminosäuren lassen Pfunde purzeln.

Vitamin C: Schlankmacher der Natur

Wenn ein Fuchs fette Beute macht, produziert er Vitamin C. Und er bleibt schlank. Oder haben Sie schon mal einen dicken Fuchs gesehen? Der Mensch kann das nicht. Er muss das Schlank-Vitamin von außen zuführen.

Dicke Menschen leiden oft an einem Mangel an Vitamin C. Je weniger Vitamin C im Körper ist, desto weniger schlankmachende Hormone kann er produzieren. Ungefähr fünf Gramm kann der Körper speichern, vor allem dort, wo die Anti-Fett-Hormone produziert werden: in der Nebenniere.

Empfehlung: Kurbeln Sie den Fettabbau an, mit täglich 3 Gramm Vitamin C. Das garantiert volle Speicher. Und ein Zuviel kann nicht schaden. Vitamin C ist wasserlöslich, eine Überdosis wird einfach ausgeschieden.

Carnitin nimmt Fett huckepack

Carnitin steuert unseren Energiestoffwechsel – und zwar in Richtung schlank. Der Biostoff transportiert das Fett in die Zellen zur Verbrennung.

Vor allem die Muskeln sind auf Carnitin angewiesen. Schleppt es nicht genügend Brennstoff an, machen sie schlapp. Leider produziert der Körper nur eine geringe Menge an Carnitin – und nur dann, wenn ihm ausreichend Vitamin C, Vitamin B6 und Eisen zur Verfügung stehen. Carnitin findet sich in Fleisch- und Milchprodukten oder in der Apotheke.

Methionin mischt in der Fettküche mit

Diese schwefelhaltige Aminosäure ist essentiell. Der Körper kann sie nicht selbst herstellen. In der Fettverbrennung mischt sie auf vielen Ebenen mit. Sie ist Baustein des Muskeleiweißes – ohne Muskeln keine Fettschmelze. Als Bestandteil von Carnitin hilft Methionin beim Abtransport der Fette zur Verbrennung. Und ohne Methionin wird kein zehrendes Stresshormon gebildet. Übergewichtige haben häufig zu wenig Methionin im Blut. Das macht sich bemerkbar durch Müdigkeit und Antriebsmangel. Methionin steckt in Fisch, Fleisch, Geflügel und Milchprodukten. Wählen Sie die mageren Sorten.

Das bremst den Fettabbau:

- Weißmehlprodukte (Mischbrot, Kuchen, Gebäck)
- Zucker und Süßigkeiten
- zuckerhaltige Getränke
- Fett in Fleisch, Wurst, Käse
- zu viel Alkohol

Taurin verleiht Fettpölsterchen Flügel

Sie kennen den Stoff aus den Energie-Drinks der Techno-Szene. Der fettschmelzende, aufputschende Eiweißstoff Taurin hilft der Hirnanhangdrüse, ihre Hormone zu verschicken: vornehmlich das Wachstumshormon HGH. Sie wissen schon, das US-Wunder-Hormon, das Muskeln peppt und Pfunde purzeln lässt.

Je mehr Taurin in der Nahrung steckt, desto mehr Hormone kann die Hirnanhangdrüse produzieren. Zudem mixt Taurin im Gallensäure-Stoffwechsel mit. Diese Säure spielt bei der Fettverdauung eine große Rolle. Keine Angst, Sie müssen nicht zu Red-Bull greifen: Der natürliche Schlankmacher steckt auch in Krabben, Muscheln, Fleisch und Leber.

Chrom kurbelt die Fettverbrennung an

In den USA leiden 90 Prozent der Menschen an Chrommangel. Das macht dick. Denn dieses Spurenelement erhöht die Fettverbrennung im Muskel um den Faktor 4. Und: Chrom verhindert die Insulin-Resistenz der Körperzellen. Wer genügend Chrom aufnimmt, erkrankt seltener an Diabetes Typ II. Chrom steckt in schwarzem Tee, Kakao, Käse, Vollkornbrot und Kartoffeln.

Magnesium futtert Fett weg

Magnesium ist zuständig für körperliche und geistige Leistungskraft, für funktionierende Nerven und Muskeln – und es organisiert die Sauerstoffversorgung der Zellen und damit die Fettverbrennung. Ohne Sauerstoff verbrennt kein Gramm Fett.

Mangelt es dem Körper an diesem Mineral, ist man nervös, kann sich nicht mehr konzentrieren, bringt keine Leistung, ist ständig müde und findet zudem keinen Schlaf. Und die Pfunde klammern und wuchern.

Im Durchschnitt haben wir von dem Hochleistungsmineral nur 0,76 mmol/l im Blut. Erst ein Magnesium-Spiegel von mindestens 0,9 mmol/l verleiht Flügel und frisst das Fett aus den Polstern.

Theoretisch steckt der wertvolle Mineralstoff in frischem Obst und Gemüse. Praktisch aber nicht. Durch Kunstdüngung und sauren Regen verschwand Magnesium in den EG-Ländern aus der Nahrung. Um die täglich nötigen 400 mg zu erhalten, müssten Sie 1 kg Käse essen, 1,4 kg Kartoffeln, elf Bananen oder drei Tafeln Schokolade. Das würde Ihrer Figur nicht gefallen.

Sie haben keine Chance, mit dem Essen ausreichend von dem Leistungsmineral Magnesium aufzunehmen. Sie müssen in die Apotheke. Empfehlung: täglich 300 mg.

Holen Sie sich statt Schlankpillen lieber Jod, Chrom, Selen, Magnesium, Vitamin C und Eiweiß aus der Apotheke.

Ohne Eiweiß läuft nichts

Ohne Eiweiß keine Hormone, kein Stoffwechsel, kein Fettabbau.
Die folgenden Aminosäuren sind essentiell. Der Körper kann sie nicht herstellen – sie müssen in der Nahrung stecken.

Methionin:	Ausgangspunkt für Bildung von Körpereiweiß. Bestandteil von Carnitin, das das Fett in die Zellen zum Verbrennen transportiert. Wichtig für die Schlagkraft der Killerzellen unseres Immunsystems.
Taurin:	Verbessert die Fettverbrennung um den Faktor 4. Entgiftet die Leber (v. a. nach Alkoholkonsum). Blockt Koffein-Nebenwirkung, beruhigt den Puls.
Leucin:	Wesentlich für muskuläre und körperliche Ausdauer.
Isoleucin:	Wichtig für muskuläre Ausdauer. Und Ausgangsstoff für Bildung von Nervenbotenstoffen im Gehirn.
Valin:	Bestandteil eines aktiven Immunsystems.
Lysin:	Stimuliert das Wachstumshormon, unseren Jungbrunnen. Beschleunigt Fettverbrennung. Stimuliert die Abwehr gegen Viren.
Phenylalanin:	Ausgangssubstanz für Glückshormone wie Noradrenalin, ACTH und Endorphine.
Histidin:	Wird benötigt zum Aufbau des roten Blutfarbstoffs, der Sauerstoff transportiert. Je mehr, desto leistungsfähiger sind Körper und Geist. Reguliert Zellwachstum und Zellerneuerung. Arbeitet in den Zellkraftwerken bei der Energiegewinnung mit. Biologischer Rückenwind.
Threonin:	Fitmacher. Stellt Blutgefäße weit. Erhöht so die Sauerstoffzufuhr von Muskeln, Herz und Hirn.
Tryptophan:	Grundstoff für Serotonin, das Chefhormon, das ausgeglichen und glücklich macht. Schlüsselsubstanz für die Herstellung von Melatonin – dem Gute-Nacht-Hormon, das selig schlafen lässt und jung erhält. Ein Mangel führt zu Depressionen.

Zehn Kilo in zehn Tagen: mit vitaler Fettverbrennung

Sie wollen schnell schlank werden – und Ihr Gewicht danach auch halten? Orthomolekular-Mediziner haben ein Konzept entwickelt, das Pfunde schmelzen lässt.

Schlank =
Laufen + Reineiweiß + Obst

Sie denken: Schon wieder eine Diät? Sie haben schon unzählige hinter sich – jede hat versagt. Das Gewicht ging beständig nach oben und Ihre Seele jo-jote in der anderen Richtung mit. Selbstbewusstsein und Laune, Optimismus und Willenskraft gingen mit jeder Abmagerungskur runter in den Keller. Was unterscheidet die vitale Fettverbrennung von anderen Diäten? Sie macht fit, vermittelt Ihnen ein schönes Körpergefühl, motiviert, auch danach mit Ihrem Körper keinen Raubbau zu betreiben.

- Intensives Training verhindert, dass sich der Grundumsatz senkt. Der Körper schaltet nicht auf sein Öko-Programm, der Stoffwechsel läuft weiter auf Hochtouren. Auch nach der Diät.
- Die Zufuhr von Rein-Eiweiß hält den Körper davon ab, seine Fett-Öfchen zu vernichten. Muskel- und anderes Körper-Eiweiß wird nicht angegriffen.
- Obst und Gemüse versorgen den Körper mit Vitalstoffen: wertvollen Pflanzeninhaltsstoffen, Vitaminen und Mineralien.
- Der schnelle Erfolg, 1 Kilo Gewichtsverlust pro Tag, motiviert, weiter zu machen.

Ziele: Die Lust am Laufen wecken. Die Ernährung nach der Diät auf „gesund" umstellen.

Lauf-Therapie: Ultraleichtlauf mit Intervalltraining

Zwei- bis dreimal täglich müssen Sie Ihre Fettverbrennungsmaschine in Gang setzen. Laufen Sie jeweils 30 Minuten mit Ihrem individuellen Puls, wie auf Seite 27 beschrieben. Der Puls darf nicht über 140 steigen.

So locken Sie Fettenzyme: Mit zweimal die Woche Intervalltraining. Um die Muskeln anzuheizen, noch mehr Fett zu verbrennen, legen Sie nach jeder Minute einen Sieben-Sekunden-Sprint ein. Sie laufen einfach ein bisschen schneller. Das regt den Körper an, noch mehr von seinen fettverbrennenden Enzymen herzustellen.

Wer die Laufgeschwindigkeit variiert, lässt die Muskeln ökonomischer arbeiten. Doch beachten Sie die Sieben-Sekunden-Grenze. Sprinten Sie weder kürzer noch länger. Damit ist garantiert, dass Sie nicht in Sauerstoffnot kommen, der Muskel nicht übersäuert und Kohlenhydrate statt Fett verbrennt.

Laufend verbrennen Sie Fett. Aber das Wichtigste: Laufen setzt den Schlüsselreiz für die Bildung fettverbrennender Enzyme, die dann rund um die Uhr Fett verheizen.

Muss man sich wirklich bewegen? Ja, unbedingt. Denn das Laufen hindert den Körper daran, den Grundumsatz runterzufahren, den Stoffwechsel auf Öko-Programm zu schalten und einfach weniger Kalorien zu verbrennen. Nur wer läuft, entkommt dem Jo-Jo-Effekt.

Rein-Eiweiß lässt Pfunde schmelzen

Wenn Sie mit Ihrer Kalorien-Reduktion auf null runterfahren, vernichtet der Körper sein eigenes Eiweiß. Er baut Muskeln ab, schädigt das Immunsystem, schwächt Nerven und Organe. Damit das nicht passiert, müssen Sie ihm Eiweiß von außen zuführen.

Das hat noch einen weiteren Vorteil: Sie nutzen die spezifisch dynamische Wirkung von Eiweiß auf den Körper. Hätte der Mensch nur Eiweiß zur Verfügung, würde er verhungern. Um Nahrungseiweiß in wertvolles Körpereiweiß umzuwandeln, schießt unser Organismus nämlich Energie zu. Er verbraucht also Kalorien, indem Sie essen.

Damit Sie während des Abnehm-Trainings nicht an Muskeln verlieren, sondern im Gegenteil, mehr von den Fettöfchen aufbauen, müssen Sie dem Körper reinstes Eiweiß zuführen – Eiweiß ohne Fett.

Empfehlung: Ersetzen Sie zehn Tage lang Ihre Mahlzeiten durch einen Trunk aus Eiweißpulver: Viermal täglich werden drei Esslöffel Eiweißpulver in Wasser oder fettarme Milch (0,3 %) gerührt.

Eine Extraportion fürs Wachstumshormon

Um während der Vitalkur die Fettverbrennung um den Faktor 4 zu beschleunigen, regen Sie die Bildung des körpereigenen Wachstumshormons (HGH) an. HGH gilt als der natürliche Jungbrunnen im Körper, der HGH-Spiegel ebbt jedoch im Laufe des Lebens beträchtlich ab.

Mit Hilfe von zwei Aminosäuren, Arginin und Lysin, können Sie den HGH-Blutspiegel wieder auf die jugendlichen Werte anheben. Auch diese Aminosäuren bekommen Sie in der Apotheke.

Empfehlung: Jeden Abend vor dem Schlafengehen zwei Aminosäure-Ampullen.

Obst und Gemüse dopen mit Vitalität und halten satt

Immer wenn der Hunger kommt, greifen Sie zu Obst und Gemüse. Sie dopen mit Vitaminen, Mineralstoffen und Spurenelementen, halten den Darm in Schwung und sättigen anhaltend durch Ballaststoffe. Günstig sind vor allem enzymhaltige Früchte wie Ananas, Papaya, Kiwi, Wassermelonen, Erdbeeren, Aprikosen und Mango, weil sie eiweißspaltende Enzyme enthalten. Sie sorgen dafür, dass die wertvollen Eiweißbausteine (Aminosäuren) auch verstoffwechselt werden.

Empfehlung: Alle zwei Stunden eine Portion Obst oder rohes Gemüse. Essen Sie unterschiedliche Früchte und halten Sie die Verdauungspausen ein.

Wichtig: literweise trinken

Trinken Sie täglich drei Liter mineralstoffreiches Mineralwasser. Achten Sie auf ausreichend Sportler-Mineralien: Sie brauchen mehr als 1 000 mg/l Calcium und mehr als 100 mg/l Magnesium.

Starten Sie Ihr Lauf-Training nie, ohne vorher 0,3 bis 0,5 Liter zu tanken. Sonst dickt das Blut ein, Muskeln und Gehirn bekommen nicht genug Sauerstoff. Auch schwarzer oder grüner Tee ist erlaubt. Und verzichten Sie auf Alkohol.

Und nach dem Schlank-Programm?

Laufen Sie weiter täglich 30 Minuten und schleichen Sie sich langsam wieder in den Essalltag ein. Lassen Sie nicht allen Gelüsten freien Lauf, sonst saugen sich die Fettzellen schnell wieder voll, und alle Mühe war umsonst. Ersetzen Sie erst zwei Mahlzeiten durch den Eiweiß-Vitaltrunk. Dann eine. Essen Sie viel Obst und Gemüse und sparen Sie Fett, wie auf Seite 37 beschrieben. Sie müssen Ihr Gewicht streng kontrollieren, denn das neue Gewicht muss drei Monate gehalten werden, bis sich der Körper daran gewöhnt hat. Dann regelt sich der neue Set-Point (das Wunschgewicht des Körpers, nach dem er immer strebt) auf dem niedrigeren Niveau ein – Sie haben es geschafft.

Bevor Sie starten: Sprechen Sie mit dem Arzt!

Die Methode der vitalen Fettverbrennung kann von gesunden Menschen bedenkenlos durchgeführt werden. Doch holen Sie sich vor dem Vital-Programm unbedingt die Zustimmung Ihres Arztes ein, vor allem wenn Sie unter Diabetes oder einer anderen chronischen Krankheit leiden, oft erschöpft, depressiv oder nervös sind, sich in ärztlicher Behandlung befinden, unter Essstörungen leiden, regelmäßig Medikamente einnehmen, schwanger sind oder stillen.

Denken Sie sich schlank

Nun brauchen Sie nur noch eine Technik, die Ihren Wunsch, schlank, fit und dynamisch zu werden, in Erfüllung gehen lässt. Lernen Sie dafür die leichteste und effektivste Methode der Meditation.

Ihr Geist entspannt sich viel zu selten. Nur im Tiefschlaf. Tiefschlaf können Sie auch tagsüber herbeiholen: Mit der Technik des „Daneben-Denkens" fallen Sie in einen Reflextiefschlaf.

Die Gebrauchsanweisung ist einfach: Setzen Sie sich still hin, schließen Sie die Augen und sprechen Sie das Zentrum im Gehirn an, das Sie in den Tiefschlaf holt. Dieses Zentrum gibt es wirklich, es reagiert auf Wiederholung – aber nur auf Wiederholung von Unsinn. Jeder sinnvolle Satz, jedes bedeutungsvolle Wort lässt die Gedanken wieder abschweifen, schon nach drei Sekunden. Also schaffen Sie sich ein rundes, kurzes, leicht zu denkendes Kunstwort wie zum Beispiel „lamon" und wiederholen Sie es im Geist, bis es die Augen sehen und die Ohren hören.

Diese Methode der Entspannung führt direkt in den Reflextiefschlaf, in den Alpha-Zustand mit seinen verlangsamten Gehirnströmen. Führt Sie dorthin, wo Sie Ihren Körper nicht mehr spüren – und Sie fliegen.

20 Minuten dieses Reflextiefschlafes ersetzen im Notfall zwei Stunden Schlaf. Anfangs dauert es 12 bis 14 Minuten, bis der Reflextiefschlaf kommt. Wenn Sie jeden Tag üben, beherrschen Sie nach sechs Wochen die Technik. Dann verkürzt sich die Eintrittszeit auf wenige Sekunden.

Nun haben Sie ein Rezept zur Hand, mit dem Sie tagsüber immer, wenn Sie es brauchen, maximale Entspannung tanken können – und abends vor dem Einschlafen Ihrem Unterbewusstsein Wünsche äußern dürfen.

Schicken Sie Ihren Wunsch ins Unterbewusstsein

Legen Sie sich hin, denken Sie Unsinn. Iamon, Iamon, Iamon... Bis Ihr Körper schwer ist und Ihr Geist hoch konzentriert. Sinken Sie in den Alpha-Zustand. Das Türchen zum Unterbewusstsein steht im Alpha-Zustand sperrangelweit offen. Ihr Unterbewusstsein sieht Ihre Gedankenbilder und sagt: „Das hättest Du gerne? Das kannst Du haben. Jederzeit. Ich bin nur für Dich da."

Nur – was tun Sie normalerweise beim Einschlafen? Sie beschäftigen sich mit Dingen, von denen Sie wünschen, dass sie nicht eintreten: Heute hab' ich geschlemmt. Morgen wiege ich bestimmt ein Kilo mehr.

Was passiert? Ihre Sorgen werden wahr. Der Waagenzeiger schlägt aus.

Das können Sie ändern. Visualisieren Sie Ihre Wünsche und schicken Sie sie ins Unterbewusstsein. Das, was Sie sich im Alpha-Zustand bildhaft vorstellen, geht in Erfüllung: Sehen Sie sich schlank in ein schickes Kostüm schlüpfen oder in die Jeans des supergebauten Freundes steigen. Erleben Sie bildlich wichtige Situationen vorweg: Sehen Sie sich zehn Kilo dünner am Konferenztisch sitzen oder mit einer Traumfrau bzw. einem Traummann flirten. Sie werden sehen, alles wird eintreffen. Ein Bild, das Sie im Alpha-Zustand durch das geöffnete Türchen ins Unterbewusstsein hinein schubsen, geht viel leichter in Erfüllung.

Die zehn schlank & fit-Gebote

Die zehn goldenen Regeln für ein schlankes, fittes und dynamisches Leben

1. Laufen Sie. Anfangs dreimal, später einmal täglich. Laufen Sie dem Jo-Jo-Effekt davon.
2. Laufen Sie beim richtigen Puls. Dem Fettverbrennungspuls. Langsam, leicht, locker, lächelnd. Drei Schritte einatmen, drei Schritte ausatmen. Werden Sie lächelnd zur Fettverbrennungsmaschine.
3. Sprinten Sie. Sieben Sekunden. Immer wieder. Schalten Sie den Turbo-fat-burner ein.
4. Essen Sie Eiweiß. Natürliches Rein-Eiweiß. Schützen Sie in der Abnehmphase Ihre Körperstrukturen: Ihr Immunsystem, Ihre Glückshormone, Ihre muskulären Fettverbrennungsöfchen.
5. Stimulieren Sie Ihren Jungbrunnen, das Wachstumshormon, das stärkste fettverbrennende Hormon Ihres Körpers. Mit Aminosäuren.
6. Essen Sie Obst. Es liefert Vitalstoffe, die der Körper zur Fettverbrennung braucht, eiweißspaltende Enzyme zur Aminosäuren-Verwertung, Ballaststoffe zur Anregung der Darmtätigkeit.
7. Aktivieren Sie jede Körperzelle mit Vitalstoffen – zusätzlich zur Nahrung. Nur die optimal aktivierte Zelle – verwöhnt mit Chrom, Jod, Selen, Vitaminen – wird zum vitalen Fatburner.
8. Trinken Sie drei Liter Mineralwasser pro Tag. Magnesiumhaltiges Wasser. So wecken Sie Ihre Entgiftungsorgane, die Nieren.
9. Messen Sie den Körperfettanteil regelmäßig mit der Fettwaage – bis zum Erfolg, dem erwünschten Gewicht. Lassen Sie regelmäßig vom Arzt Ihr Blutbild überprüfen.
10. Denken Sie sich schlank. Öffnen Sie täglich das Türchen zum Unterbewusstsein – im Alpha-Zustand – und plaudern Sie in der Bildsprache mit der stärksten gestaltenden Kraft der menschlichen Existenz: Sehen Sie sich täglich bereits im Ziel.